LA RÉFORME

DE

L'ENSEIGNEMENT SECONDAIRE

EXPLIQUÉE

AUX FAMILLES

PAR

H. VUI

Auteur de l'*Annual*

PARIS

LIBRAIRIE NONY & Cie

63, BOULEVARD SAINT-GERMAIN, 63

1902

LA RÉFORME

DE

L'ENSEIGNEMENT SECONDAIRE

EXPLIQUÉE

AUX FAMILLES

PAR

H. VUIBERT

Auteur de l'*Annuaire de la Jeunesse*.

PARIS

LIBRAIRIE NONY & Cie

63, BOULEVARD SAINT-GERMAIN, 63

1902

Nouvelle organisation des études dans les établissements d'Enseignement secondaire.

Élèves apprenant le **Latin**
avec (à partir de la 4ᵉ) ou sans le **Grec**

Élèves n'apprenant **aucune langue morte**

PREMIER CYCLE (Durée : 4 ans)

Sixième A (Latin)
Cinquième A (Latin)

Quatrième A (Latin, Grec)
Troisième A (Latin, Grec)

Quatrième A (Latin)
Troisième A (Latin)

Une seule Quatrième et une seule Troisième, avec faculté pour les élèves d'être affranchis du Grec.

Sixième B
Cinquième B
Quatrième B
Troisième B

Étude du Grec

Sanction des études du premier cycle : Un *certificat d'études secondaires*, délivré obtenues et après délibération des professeurs dont les élèves ont suivi les cours.

Pour les élèves qui renoncent à l'étude en raison des notes du latin.

Rien de semblable à cette section n'avait existé autrefois.

Une année de plus que dans l'ancienne organisation conduisant au baccalauréat ès sciences, où l'on avait Math. prépar.ʳᵉ et Math. élém.ᵗᵉˢ

LATIN - GREC | LATIN - LANGUES | LATIN - SCIENCES | SCIENCES - LANGUES

SECOND CYCLE (Durée : 3 ans)

Seconde A | Seconde B | Seconde C | Seconde D
Première A | Première B | Première C | Première D
Philosophie A | Philosophie B | Mathématiques A | Mathématiques B

L'ancien enseignement moderne avait ces 6 années d'études. Le nouvel enseignement en a 7.

Sanction des études du second cycle : Un *baccalauréat* unique conférant les mêmes droits et privilèges, quelle que soit la mention portée sur le diplôme.

LA RÉFORME

DE

L'ENSEIGNEMENT SECONDAIRE

Origine de la réforme.

Non seulement en France, mais dans tous les pays « il se fait dans les idées sur l'éducation secondaire une évolution qui n'est que la suite de l'évolution économique et sociale de l'ancien monde. Le nombre des familles qui cherchent à s'élever par l'instruction au-dessus du niveau commun s'accroît de plus en plus. La culture traditionnelle ne peut suffire à tous ces nouveaux venus. Il faut diversifier et assouplir de plus en plus les types d'instruction. En même temps que l'enseignement secondaire s'est étendu, les sciences ont pris un essor prodigieux. Les découvertes faites depuis un siècle ont changé la vie des peuples et ouvert des perspectives tout à fait inconnues. Des mondes nouveaux ont été explorés et conquis. Le développement rapide de pays éloignés est pour l'Europe un sujet de préoccupations.

« La concurrence qui surgit de toutes parts n'exige-t-elle pas une éducation plus appropriée à la lutte ? N'est-il pas nécessaire de développer les facultés de volonté et d'action, plus encore que d'affiner l'intelligence ? L'assimilation plus complète des connaissances positives et l'entrée plus rapide dans la vie ne sont-elles pas, de plus en plus, une des conditions de succès ?

« Dans les pays où le Gouvernement tient les clés des professions libérales et des emplois publics, le régime auquel les examens et les concours soumettent la jeunesse n'a-t-il pas une influence déprimante ? La tendance à modeler les esprits d'après un type uniforme ne contribue-t-elle pas à leur enlever quelque chose de leur originalité et de leur initiative?

« Voilà les questions qui sont agitées partout (¹). »

La Chambre des députés, dans la séance du 12 décembre 1898, a chargé sa Commission de l'enseignement d'ouvrir une enquête sur ces problèmes vitaux et de lui apporter des conclusions.

La Commission, présidée par M. Ribot, un des hommes les plus considérables du Parlement, a dressé un questionnaire qu'elle a fait distribuer aux Conseils généraux, aux Chambres de commerce, Facultés, établissements d'enseignement secondaire, sociétés d'anciens élèves, sociétés pour l'étude des questions d'enseignement, etc.

Elle a reçu 196 dépositions faites de vive voix, recueilli les délibérations des Corps constitués et un très grand nombre de dépositions écrites. Le tout a été imprimé et forme, en six volumes in-4° et 3500 pages, un véritable monument qui témoigne de l'immense labeur de la Commission et de son désir d'aboutir. Ces documents constituent la plus large consultation qui ait jamais été ouverte sur les questions d'enseignement secondaire et reflètent fidèlement l'état de la partie éclairée de l'opinion publique. C'est une mine dans laquelle on puisera toujours.

Bien que les idées les plus opposées se soient quelquefois fait jour dans ces dépositions, la Commission a su dégager les points sur lesquels des réformes s'imposaient, et l'accord s'est établi avec le Ministre de l'Instruction publique, M. Georges Leygues.

Celui-ci a soumis ses propositions à la Chambre des députés, qui les a approuvées dans la séance du 14 février 1902.

Décret du 31 mai 1902.

Le Conseil supérieur de l'Instruction publique a alors préparé des programmes d'enseignement conformes aux vues de la Chambre et du Ministre, et le décret du 31 mai 1902, dont voici la teneur, a consacré la réforme :

---

(1) Rapport de M. Ribot.

ART. 1er. — L'enseignement secondaire est coordonné à l'enseignement primaire de manière à faire suite à un cours d'études primaires d'une durée normale de quatre années (1).

ART. 2. — L'enseignement secondaire est constitué par un cours d'études d'une durée de sept ans et comprend deux cycles : l'un d'une durée de quatre ans, l'autre d'une durée de trois ans.

Premier cycle.

ART. 3. — Dans le premier cycle, les élèves ont le choix entre deux sections. Dans l'une sont enseignés, indépendamment des matières communes aux deux sections, le latin, à titre obligatoire, dès la première année (classe de Sixième), le grec, à titre facultatif, à partir de la troisième année (classe de Quatrième).

Dans l'autre, qui ne comporte pas l'enseignement du latin et du grec, plus de développement est donné à l'enseignement du français, des sciences, du dessin, etc.

ART. 4. — Dans les deux sections, les programmes sont organisés de telle sorte que l'élève se trouve, à l'issue du premier cycle, en possession d'un ensemble de connaissances formant un tout et pouvant se suffire à lui-même.

ART. 5. — A l'issue du premier cycle, un certificat d'études secondaires du premier degré peut être délivré aux élèves, en raison des notes obtenues par eux durant ces quatre années d'études et après délibération des professeurs dont ils ont suivi les cours.

Les aspirants au baccalauréat ont la faculté de produire ce certificat devant le jury ; il en est tenu compte, dans les mêmes conditions que du livret scolaire, pour l'admissibilité et pour l'admission.

Second cycle.

ART. 6. — Dans le second cycle, quatre groupements de cours principaux sont offerts à l'option des élèves, savoir :

---

(1) Au dernier moment le Ministre et le Conseil supérieur n'ont cependant pas pu se résigner à supprimer l'étude des langues vivantes des classes de Neuvième, Huitième et Septième, de sorte que, à ce point de vue, la classe de Sixième fait bien suite à la classe de Septième, mais non aux classes des écoles primaires proprement dites.

Il est probable toutefois que, comme par le passé, l'étude des langues vivantes, en Sixième, sera reprise aux premiers éléments, de manière que les élèves venus de l'enseignement primaire puissent, avec un peu de bonne volonté, se mettre au niveau de l'enseignement. On a d'ailleurs réduit de moitié (2 heures par semaine au lieu de 4 heures) le temps consacré à l'étude d'une langue vivante dans chacune des classes de Neuvième, Huitième et Septième.

1° Le latin avec le grec ;

2° Le latin avec une étude plus développée des langues vivantes ;

3° Le latin avec une étude plus complète des sciences ;

4° L'étude des langues vivantes unie à celle des sciences sans cours de latin.

Cette dernière section, destinée normalement aux élèves qui n'ont pas fait de latin dans le premier cycle, est ouverte aussi aux élèves qui, ayant suivi les cours de latin dans le premier cycle, ne continuent pas cette étude dans le second.

ART. 7. — Pour les élèves qui ne se destinent pas au baccalauréat, il sera institué, dans un certain nombre d'établissements publics, à l'issue du premier cycle, un cours d'études dont l'objet principal sera l'étude des langues vivantes et l'étude des sciences spécialement en vue des applications. Ce cours d'études aura une durée de deux ans. Il sera approprié aux besoins des diverses régions. Le programme en sera préparé par les conseils académiques et arrêté par le Ministre de l'Instruction publique (1).

A l'issue de ce cours et à la suite d'un examen public subi sur le programme établi comme il est prévu ci-dessus, un certificat pourra être délivré, sur lequel seront portées, avec le nom de l'académie où l'examen a été passé, les matières de cet examen et les notes obtenues.

Le texte de ce décret est excessivement clair. On se rendra cependant encore mieux compte de la nouvelle organisation d'un lycée si l'on veut bien se reporter au tableau qui figure en tête de cette brochure. On pourra la comparer à l'ancienne organisation en jetant les yeux sur le tableau de la page 48.

Bien que le Ministre soit libre de fixer les programmes sous sa responsabilité, une réforme de l'importance de celle qui nous occupe ne pouvait se faire avec l'autorité voulue sans que le Sénat fût dit son mot. La séparation hâtive du Parlement (nécessitée par le renouvellement de la Chambre des députés) n'a pas permis

---

(1) « Il n'y a pas lieu d'organiser dès la prochaine année scolaire le cours de deux ans, prévu à l'article 7 du décret, pour les élèves qui ne se destinent pas au baccalauréat. La préparation scientifique des élèves qui vont sortir de la classe de Troisième serait insuffisante. Au surplus, ce cours ne devra être institué ultérieurement que dans un certain nombre de lycées importants où l'utilité en sera reconnue et qui offriront, au point de vue du matériel scientifique comme au point de vue du personnel enseignant, toutes les ressources nécessaires à sa bonne organisation. »

Circulaire ministérielle du 19 juillet 1902.)

d'ouvrir le débat au Sénat avant la signature du décret ; il en est résulté que la Haute Assemblée a pu discuter. par voie d'interpellation, un texte plus condensé et très précis. Dans sa séance du 10 juillet 1902. elle a approuvé, par 212 voix contre 51 sur 263 votants, la réforme faite par le Ministre de l'Instruction publique.

Cette réforme ne vise pas que les programmes d'enseignement ; elle touche à l'administration des lycées et à une foule de points que nous laisserons de côté ici pour ne nous occuper que du nouveau plan d'études.

Caractéristiques de la réforme.

Pour bien caractériser la réforme qui vient de s'accomplir, nous ne pouvons mieux faire que de reproduire l'extrait suivant de la lettre adressée. en janvier 1902, par M. Georges Leygues alors Ministre de l'Instruction publique, au Président de la Commission de l'enseignement de la Chambre des députés :

Cycles. — La division des cours d'études en deux cycles présente de sérieux avantages. L'enseignement du grec et du latin ne se prête pas naturellement, il est vrai, à une répartition de ce genre. mais l'ensemble des matières du programme peut cependant se distribuer de telle sorte que l'élève quittant le lycée à l'issue de la Troisième ait appris autre chose que des commencements et emporte un bagage de connaissances. modestes sans doute, mais formant un ensemble complet en soi et utilisable.

Il faut souhaiter qu'un certain nombre d'élèves quittent le lycée dans ces conditions. C'est un terme marqué pour tous ceux que pressent les nécessités de la vie ou pour ceux qui n'ont pas le goût de ces études, qui les suivent de mauvais gré et constituent pour ces classes un poids mort qui en alourdit la marche.

Examen intérieur. — A la fin de ce premier cycle, un certificat d'études pourra être délivré en raison des notes obtenues et après délibération des professeurs. Pour ceux qui. spontanément. quittent alors le lycée. cette attestation de bonnes études secondaires élémentaires aura sa valeur. Pour ceux qui continuent leurs classes. l'obtention du certificat constituera. au même titre que le livret scolaire, dont il formera en quelque sorte la première page. une assurance contre les chances du baccalauréat. Quant au refus du certificat, il sera pour les parents un avertissement plus sérieux que celui qui résulte d'un simple examen de passage.

Durée des études. — Une sortie étant ainsi ménagée en cours de route aux plus pressés ou aux moins capables, il importe d'autant plus d'élever le niveau des études pour ceux qui restent. A cette fin, j'ai insisté pour que leur durée totale ne soit pas diminuée. Cette durée est déjà moindre chez nous que dans bon nombre de pays étrangers, qu'en Allemagne notamment. Ne réduisons pas davantage un enseignement dont la vertu tient en grande partie à sa durée, qui lui permet non seulement de munir l'intelligence de connaissances multiples, mais d'agir profondément sur les habitudes et les facultés mêmes, de faire en un mot l'éducation de l'esprit.

Il ne faut d'ailleurs pas perdre de vue que l'enseignement de la rhétorique, de la philosophie, des mathématiques élémentaires, tel qu'il résulte des programmes, tel qu'il doit être pour préparer utilement l'entrée de l'enseignement supérieur, comporte un degré de maturité, de réflexion, de raison, qui correspond lui-même au développement physique de l'élève. Il y aurait péril à amener trop tôt les élèves dans les classes supérieures : ou le niveau de l'enseignement s'abaisserait, ou les esprits seraient surmenés. Ni les *Provinciales*, ni le *Discours de la Méthode* ne sont un aliment approprié à des esprits de quatorze ans.

Programmes. — En ce qui concerne la matière même des études, nos programmes sont trop lourds ; ils doivent être allégés et simplifiés. Ils manquent surtout de souplesse. L'uniformité paralyse notre enseignement. D'un bout à l'autre de la France, ce sont les mêmes plans d'études, les mêmes matières et les mêmes cours, comme si d'un bout à l'autre de la France c'étaient les mêmes besoins.

Il faut donner aux élèves le moyen de choisir l'enseignement le mieux approprié à leurs aptitudes, à leurs vocations présumées et aux nécessités économiques des régions où ils vivent. En conséquence, il faut organiser des cours d'études variées, sans préjudice d'ailleurs pour ce fonds commun de connaissances générales qui caractérise l'enseignement secondaire, et qui assure l'unité de cet enseignement.

L'étude de l'antiquité grecque et latine a donné au génie français une mesure, une clarté et une élégance incomparables. C'est par elle que notre philosophie, nos lettres et nos arts ont brillé d'un si vif éclat ; c'est par elle que notre influence morale s'est exercée en souveraine dans le monde. Les humanités doivent être protégées contre toute atteinte et fortifiées. Elles font partie du patrimoine national.

L'esprit classique n'est pas, comme quelques-uns l'affirment, incompatible avec l'esprit moderne. Il est de tous les temps parce qu'il est le culte de la raison claire et libre, la recherche de la beauté harmonieuse et simple dans toutes les manifestations de la pensée.

Vous avez remarqué, Monsieur le Président, que l'enseignement classique rencontrait, même en dehors de l'Université, des défenseurs convaincus : « Les Chambres de commerce, avez-vous dit, se sont toutes prononcées en sa faveur », et vous avez ajouté : « sa disparition serait un malheur auquel les partisans les plus résolus de l'enseignement moderne ne pourraient se résigner ».

Ici encore, nous sommes d'accord.

Mais, depuis l'époque où les études classiques furent organisées dans notre pays, depuis le XVIIᵉ siècle où elles régnaient sans partage, le monde a marché. Des événements considérables se sont accomplis qui ont transformé la société et bouleversé de fond en comble ses conditions d'existence. L'industrie, le commerce et l'agriculture sont devenus les facteurs les plus puissants de la prospérité nationale.

Ces forces, pour produire leur effet utile, exigent non seulement des bras nombreux et vigoureux et un outillage perfectionné, mais encore des intelligences éclairées capables de les mettre en action et de les diriger.

Il y a moins d'un siècle, l'enseignement ne s'adressait qu'à une élite. Maintenant, il s'adresse à la nation tout entière.

Aujourd'hui, le problème de l'enseignement est double.

Nous devons, dans l'intérêt de la collectivité du monde du travail, du prolétariat lui-même, préparer une élite éclairée et libérale, une aristocratie d'esprit qui, s'élevant au-dessus du réalisme utilitaire, se voue aux recherches désintéressées, aux hautes spéculations et sauvegarde les intérêts permanents et supérieurs du pays.

Nous devons, d'autre part, constituer fortement l'armée du travail, lui donner un état-major et des cadres.

Dans nos sociétés modernes, les questions d'enseignement se trouvent mêlées à tous les problèmes qui touchent au développement et à l'existence même des nations.

« On ne peut, sans danger, a dit Descartes, rester étranger aux choses de son temps. »

Jamais le mot du philosophe n'a été plus vrai.

Dans un pays comme la France, où la population professionnelle et active (industriels, négociants, agriculteurs) représente 48 p. 100 de la population totale, 18 000 000 d'individus sur 38 000 000 d'habitants, où le capital industriel s'élève à 96 milliards 700 millions de francs ; où le capital agricole atteint 78 milliards de francs ; où les exportations se sont chiffrées, en 1900, par plus de 4 milliards de francs, l'Université ne peut se contenter de préparer les jeunes gens qui lui sont confiés aux carrières libérales, aux grandes écoles et au professorat ; elle doit les préparer aussi à la vie économique, à l'action.

Pour répondre à ces besoins, il faut prévoir, dans chaque cycle, des groupements divers de matières, des sectionnements, des options.

Éducation. — Mais la vertu sociale de l'enseignement réside moins dans les programmes et dans les méthodes que dans l'*éducation*. Le maître devra donc s'imposer pour premier devoir de développer les qualités intellectuelles et morales qui stimulent l'initiative individuelle, font les esprits justes et libres, les consciences droites et les volontés fortes. C'est à ce prix seulement qu'il remplira toute sa tâche et qu'il préparera l'homme et le citoyen.

Cours du premier cycle. — De fortes études primaires sont la base nécessaire de tout l'enseignement secondaire. A l'issue de ces études, qui peuvent se faire aussi bien dans les écoles primaires que dans le lycée, s'ouvre le premier cycle. Deux cours parallèles s'offriront, dès lors, au choix des élèves ou plutôt des familles : d'une part, l'enseignement sans grec ni latin ; d'autre part, l'enseignement fondé sur le latin. On reconnaît ici l'enseignement appelé *moderne* et l'enseignement *classique*. Mais on verra plus loin pourquoi nous proposons d'abolir cette opposition de noms qui avait créé jusqu'à ce jour de si graves malentendus et faisait perdre de vue l'unité fondamentale de l'enseignement secondaire.

Dans le cours où l'enseignement est fondé sur le latin, à partir de la 3ᵉ année, c'est-à-dire à partir de la classe de Quatrième, une subdivision : l'étude du grec commence ; elle est facultative. Pour ceux qui continueront cette étude jusqu'au baccalauréat, ce n'est pas trop tôt d'en aborder les difficiles rudiments. Pour ceux qui ne la pousseraient pas au delà de la Troisième, ce n'est pas la peine de les aborder.

Cours du second cycle. — A l'entrée dans le second cycle, trois catégories d'élèves se présentent : les uns ont fait du latin et du grec ; les autres du latin et pas de grec ; les derniers n'ont fait ni latin ni grec.

Pour les élèves des 1ʳᵉ et 3ᵉ catégories, pas d'incertitude possible : ceux-là, sauf exception, continueront et pousseront aussi loin que possible les études gréco-latines ; ceux-ci les sciences et les langues vivantes.

Restent les élèves qui ont fait du latin et pas de grec. Pour cette catégorie, il y a deux hypothèses à prévoir : les uns veulent continuer l'étude du latin et, dans ce cas, ils choisissent pour complément, soit l'étude développée des langues étrangères, soit celle des sciences ; les autres abandonnent l'étude du latin et, dans ce cas, ils fusionnent avec les élèves qui sortent du premier cycle sans avoir fait ni grec ni latin et, comme eux, s'attachent à la fois à l'étude des sciences et à celle des langues.

Ce dernier cas sera de beaucoup le plus fréquent pour ceux qui se destinent à des carrières qui exigent surtout des connaissances scientifiques. On ne saurait imposer aux élèves qui se livrent spécialement à l'étude des sciences l'obligation de suivre les classes de latin de concert avec la section gréco-latine. Quelques élèves d'élite le pourront tenter, s'ils le jugent à propos. Il y a double profit à en dispenser les autres : profit pour eux d'abord, qui perdent dans ces classes un temps précieux ; profit pour ces classes mêmes, dont l'essor et le progrès sont empêchés par la présence d'élèves qui n'y assistent qu'à contre-cœur.

Baccalauréat : égalité des sanctions. — Aux quatre groupements de matières qui viennent d'être prévus, devront correspondre autant de groupements d'épreuves diverses du baccalauréat. Mais ces épreuves supposent toutes des cours d'études d'égale durée. Dès lors la raison la plus grave qui subsistait de refuser au baccalauréat de l'enseignement moderne les sanctions du baccalauréat classique, disparaît. J'ai toujours combattu les propositions qui tendaient à accorder à un cours d'études de six ans les mêmes prérogatives qu'à un cours d'études de sept ans. C'était frapper mortellement les études les plus longues et donner une prime aux études les plus courtes. Mais entre deux cours d'études désormais égaux et des épreuves équivalentes, dans lesquelles la connaissance du grec et du latin sera remplacée par une connaissance approfondie des sciences et des langues vivantes, je ne vois plus de raisons d'établir d'inégalité au point de vue des sanctions. Tous les diplômes secondaires doivent conférer les mêmes droits. Il est clair, d'ailleurs, que certaines études supérieures resteront interdites à certains bacheliers, à raison même de leur genre d'études secondaires. Celui qui n'a pas étudié le grec ne s'inscrira pas comme candidat à la licence ès lettres. Mais, précisément à cause de cela, il est superflu de le lui interdire, à raison de la nature de son diplôme. Si quelque bachelier de l'ordre scientifique se présente pour les études de la licence ès lettres, c'est qu'il aura appris le grec en particulier. Dès lors, il ne serait pas juste d'y mettre obstacle. L'exception sera rare : elle mérite d'être encouragée.

Unité de grade. — Ceci admis, une nouvelle conséquence s'impose : tous les diplômes de bachelier étant équivalents, et conférant les mêmes prérogatives, il n'y a plus qu'un baccalauréat unique, un seul diplôme portant, à titre de renseignement, des mentions différentes, suivant l'option du candidat entre les différentes matières offertes à son choix.

Unité d'enseignement. — Enfin, si dans l'enseignement secondaire réorganisé, tous les cours d'études ont une durée égale et aboutissent au baccalauréat ; si, dans tous on se propose, à la fois, de donner à l'élève l'instruction la plus utile en vue de sa carrière future, et, en même temps, de faire l'éducation de son esprit par l'action des disciplines les plus fortes et des exercices les plus féconds, affirmons l'unité fondamentale, l'orientation commune des études secondaires en abolissant les dénominations de classique et de moderne qui ne peuvent que perpétuer une rivalité funeste, et disons que tout enseignement secondaire digne de ce nom doit être à la fois classique et moderne.

En même temps précisons les frontières des divers cours d'études en déterminant avec netteté les points par lesquels ils se touchent et parfois se confondent et les points par lesquels ils se différencient. Ainsi l'incertitude où se trouvaient les familles cesse : elles ont plus de liberté pour choisir l'enseignement qui leur convient le mieux et elles savent, quand leur choix est fait, où les conduit la voie où elles ont engagé leurs enfants.

En résumé, adapter les programmes rendus plus souples à la variété croissante des besoins, tout en maintenant l'unité essentielle des études et du grade qui en est la sanction, tel est l'esprit général de la réforme proposée. Elle me parait répondre aux intérêts réels du pays, aux vœux si souvent exprimés par les Chambres de commerce et les Conseils généraux, à l'ensemble des dépositions que vous avez recueillies au cours de votre enquête et aux conclusions que vous avez formulées au nom de la Commission parlementaire.

Enfin, pour montrer que l'accord est complet entre l'ancien Ministre et son successeur, M. J. Chaumié, nous donnons ci-après un extrait du discours prononcé, le 30 juillet 1902, par le nouveau Ministre de l'Instruction publique à la distribution des prix du Concours général :

MESSIEURS,

Les préoccupations dont le beau discours que vous venez d'entendre s'est fait l'écho assiègent, depuis bien des années, les meilleurs esprits. Plus que jamais aujourd'hui, la question s'impose à nos réflexions.

Une importante réforme vient, en effet, d'être accomplie. Des programmes nouveaux adoptés hier vont entrer en application.

Dans l'œuvre ainsi entreprise, l'Université va-t-elle, au risque de compromettre la culture supérieure du pays et l'éducation des générations qui montent à la vie, abandonner ou réduire à une part restreinte et presque dédaignée cet enseignement des lettres anciennes qu'elle a donné jusqu'ici avec un si grand éclat, et qui a formé tant de consciences hautes, d'âmes généreuses, de cœurs fiers ?

Cette crainte, nul ne doit s'en laisser sérieusement émouvoir. De tous ceux qui connaissent l'Université, pas un ne doute qu'au milieu des transformations et des évolutions dont le mouvement du monde moderne lui fait une loi, elle ne veuille et ne sache rester fidèle à sa tradition et à sa mission éducatrice.

Rompre avec cette tradition, délaisser cette culture classique dont vous venez de dire, de façon si brillante, Monsieur le Professeur, à la fois les vertus et le charme, ce serait en même temps commettre une ingratitude et manquer à un devoir sacré.

Qui de nous pourrait oublier ou méconnaître la part considérable qui revient aux lettres anciennes dans la formation de l'âme française, et l'empreinte dont elles ont marqué notre race de génération en génération ?

Que l'on se rassure donc : une large place est conservée à leur étude. Ceux mêmes que le tour de leur esprit, leurs dispositions particulières attirent plus vivement vers elles, trouveront aujourd'hui dans une organisation mieux appropriée, faite pour eux, dégagée du poids lourd des camarades arriérés, le moyen de donner à cette culture classique son plein développement, d'en recueillir et d'en goûter tout le fruit.

Faudrait-il donc aller plus loin et, ne se bornant pas à maintenir à cet enseignement le rang et la place qui sont dignes de lui, lui assurer la prépondérance et comme le privilège exclusif de donner à l'enfant l'éducation intégrale et de former des hommes ?

Non, la mission de l'Université est plus large et elle n'y saurait faillir.

Le monde a marché. Tout, autour de nous, s'est transformé et se transforme avec une vitesse vertigineuse ; chaque jour ouvre aux connaissances humaines un champ nouveau, hier inconnu, dont les limites s'étendent, s'éloignent, et ouvrent sans cesse un nouvel horizon aux yeux de l'explorateur qui le veut conquérir.

Les barrières qui enfermaient les nations tombent ou s'entr'ouvrent. La facilité de jour en jour croissante des communications, les relations de commerce, les besoins des échanges, créent entre les peuples une pénétration réciproque de plus en plus intime, et font de la connaissance des langues vivantes, qui, jadis, pouvait presque être considérée comme un luxe, une inéluctable nécessité.

D'autre part, et en même temps, le trésor de notre littérature s'enrichit : chaque période qui s'accomplit ajoute à l'histoire une page nouvelle qui ne peut rester ignorée, et l'histoire elle-même, plus fouillée, aidée par les recherches des érudits, éclairée par la critique, agrandissant son domaine, amène en pleine lumière des coins du passé jusque-là laissés dans l'ombre, et souvent révise ses anciens jugements.

Est-il donc possible de n'entr'ouvrir aux yeux de nos enfants qu'un jour étroit sur ce monde en travail dont la rumeur arrive cependant jusqu'à eux et dont la rue, presque à chaque pas, leur révèle les aspects divers et attachants ?

Quelles que soient les voies différentes où les entraînent leurs goûts, leurs aptitudes, leurs besoins, est-il possible d'imposer à tous pour but presque unique de leurs efforts l'étude sereine du passé, des lettres anciennes et la contemplation de leur admirable beauté ?

Nul ne l'oserait soutenir, et les partisans les plus déterminés et les plus fervents de la culture classique se défendent d'aller aussi loin.

Faudrait-il alors, à côté d'un enseignement considéré comme supérieur, dont les élèves recueilleraient seuls le bienfait de l'éducation complète, en distribuer un autre d'une dignité amoindrie ?

Non, tous les enseignements que donne l'Université peuvent et doivent avoir, tous, lorsqu'ils émanent de maîtres éminents comme les nôtres, une vertu éducatrice.

Les sciences ne se bornent pas à la poursuite de résultats utilitaires et pratiques. Elles sont, elles aussi, particulièrement propres à développer les qualités maîtresses de l'esprit. Leur méthode rigoureuse, précise, sincère, logique, est merveilleusement apte à former le jugement, à en assurer la rectitude et, d'autre part, les plus arides souvent ne peuvent se passer du secours de l'imagination, lorsque quelque phénomène encore inexpliqué, éveillant l'attention, invite à la recherche des lois inconnues qui le régissent.

L'imagination, allant du premier vol au but poursuivi, soupçonne, conçoit la loi mystérieuse ; l'esprit scientifique organise les expériences qui serviront d'épreuve et de contrôle, et la vision persistante de l'idéal ainsi entrevu soutient et défend le chercheur contre le découragement précoce et l'insuccès des premières tentatives.

N'est-il pas banal de redire, après tant d'autres, quelle haute et pénétrante poésie se dégage souvent de la science ?

N'élève-t-elle pas les yeux vers le ciel, et n'emporte-t-elle pas l'âme dans les régions les plus pures, cette science qui cherche et découvre les lois du mouvement des astres, indique leur marche, retrouve leur trace et leur place dans les profondeurs de l'espace immense, et nous faisant entrevoir derrière des mondes d'autres mondes encore plus lointains, et, derrière ceux-ci, sans limite, d'autres mondes encore, nous donne le frisson de l'infini ?

Ne nous rappelons-nous pas alors avec émotion les vers du poète :

> L'astronomie atteint où ne ment plus l'azur.
> Sous des plafonds fuyants, chasseresse d'étoiles,
> Elle tisse, Arachné de l'infini, ses toiles
> Et suit, de monde en monde, un fil sublime et sûr (1).

Un navire est sur la mer ; la nuit, la brume l'environne, rien ne le relie à la terre, il est seul. Et voici que d'un appareil nouveau installé dans sa mâture, une vibration mystérieuse se détache, s'étend, s'amplifie et tout à coup le développement de son orbite heurte, éveille au loin sur le rivage ou sur un bateau qui passe, un autre appareil sensible qui attendait. Une communication est établie, une réponse est donnée à un appel.

Ne sommes-nous pas confondus, et ce spectacle n'éveille-t-il pas notre enthousiasme ?

Dirai-je les éléments domptés et asservis devenus des instruments souples et dociles que peut manier la main d'un enfant, la distance supprimée, la terre étudiée dans les couches profondes qui la forment aussi bien que dans la parure de ses fleurs ; la chimie et les richesses de ses applications ; la lumière, la chaleur, la force, produites ou transformées ; les infiniment petits laissant surprendre les lois de leur évolution ; les conquêtes déjà faites par la science donnant une audacieuse confiance dans l'avenir qui réserve des conquêtes plus grandes encore, et aussi parfois comme une sévère et grandiose leçon, des cataclysmes terribles qui viennent durement rappeler à l'homme, enivré de sa grandeur, sa faiblesse et sa fragilité ?

Le savant qui étudie la nature, qui pénètre ses mystères et lui arrache ses secrets, lui rend le même hommage élevé et pieux que le poète qui la chante. Le rite du culte est différent, la religion est la même.

Les écrivains de l'antiquité élèvent nos âmes par l'exemple des héros, le souvenir de leur patriotisme et de leur courage, le récit de leurs vertus.

Chaque page de l'histoire de la science nous dit à son tour ce qu'est le dévouement désintéressé, et son martyrologe nous enseigne, lui aussi, la noblesse du sacrifice.

Aussi bien, les sciences, avec l'harmonie de leurs lois ; les lettres, par la forme exquise dont elles enveloppent la pensée ; la morale, avec la grandeur austère de ses règles, ne nous montrent-elles pas les aspects divers de l'universelle et supérieure beauté ?

C'est à ces enseignements, se mêlant et se pénétrant d'ailleurs dans certaines de leurs parties, que l'Université a voulu par ses nouveaux programmes assigner un rang égal.

---

(1) Sully Prud'homme. *Le Zénith*.

Grâce à leur souplesse, chacun de vous, mes jeunes amis, y pourra trouver la culture qui, s'adaptant le mieux à ses goûts, à l'orientation de ses aptitudes et de son esprit, fournira à son intelligence le meilleur et le plus complet développement.

Ainsi la floraison sera plus variée, la moisson plus complète.

A côté des leçons de morale qui vous seront directement données, vos professeurs, soyez-en sûrs, qu'ils vous enseignent les lettres antiques, les sciences, l'histoire, les langues vivantes ou les lettres modernes, sauront dégager pour vous, suivant l'heureuse définition du discours que vous avez applaudi tout à l'heure « cette morale qui s'accommode d'un enseignement diffus et pénètre en nous, moins par de vraies leçons que par d'honnêtes propos. »

De chacune des voies suivies par vous avec un égal effort, vous sortirez également armés, prêts à prendre votre place et à faire votre devoir dans la société démocratique au milieu de laquelle vous êtes appelés à vivre.

PLAN D'ÉTUDES

Un arrêté du 31 mai 1902 détermine ainsi qu'il suit la répartition hebdomadaire des diverses matières de l'enseignement dans chaque classe :

DIVISION PRÉPARATOIRE [1]

	1re Année préparatoire. (ou 10e)	2e Année préparatoire. (ou 9e)
Français	9 heures.	7 heures.
Instruction morale et civique [2].	»	»
Langues vivantes	»	2
Écriture	2 h. 1/2.	2 h. 1/2.
Petits récits historiques . . .	1 heure.	1 heure.
Géographie	1 h. 1/2.	1 h. 1/2.
Calcul	3 —	3 —
Leçons de choses	1	1
Dessin	1	1
Chant	1	1
Total.	20 heures.	20 heures.

DIVISION ÉLÉMENTAIRE

Classes de Huitième et de Septième.

Français	7 heures.
Instruction morale et civique [2]	»
Langues vivantes	2
Écriture	1 —
Histoire et Géographie	3
Calcul	4
Leçons de choses	1
Dessin	1
Chant	1
Total.	20 heures.

(1) Les classes de Dixième et de Neuvième prennent respectivement les noms de première et de deuxième année préparatoires, dénominations qui auront, croyons-nous, bien de la peine à se substituer aux anciennes dans l'esprit des familles.

(2) Cet enseignement sera donné à l'occasion de l'enseignement du français, de l'histoire et de la géographie et se trouve compris dans les heures attribuées à ces matières.

PREMIER CYCLE

(Durée quatre ans, de la Sixième à la Troisième inclusivement.)

Classe de Sixième.

Division A.		Division B.	
Français	3 heures.	Français	5 heures.
Latin	7 —	Écriture	1 —
Langues vivantes	5 —	Langues vivantes	5 —
Histoire et géographie	3 —	Histoire et géographie	3 —
Calcul	2 —	Calcul	4 (*) —
Sciences naturelles	1 —	Sciences naturelles	2 —
Dessin	2 —	Dessin	2 —
TOTAL.	23 heures.	TOTAL.	22 heures.

(*) Dont 1 heure de dessin géométrique.

Classe de Cinquième.

Division A.		Division B.	
Français	3 heures.	Français	5 heures.
Latin	7 —	Écriture	1 —
Langues vivantes	5 —	Langues vivantes	5 —
Histoire et géographie	3 —	Histoire et géographie	3 —
Calcul	2 —	Mathématiques	4 (*) —
Sciences naturelles	1 —	Sciences naturelles	2 —
Dessin	2 —	Dessin	2 —
TOTAL.	23 heures.	TOTAL.	22 heures.

(*) Dont 1 heure de dessin géométrique.

Classe de Quatrième (¹).

Morale.	1 heure.	Morale.	1 heure.
Français	3 heures.	Français	5 heures.
Latin	6 —	Comptabilité.	1 —
Grec	3 h. facult.	Langues vivantes	5 —
Langues vivantes.	5 heures.	Histoire et géographie	3 —
Histoire et géographie	3 —	Mathématiques.	4 —
Mathématiques	1 + 1 h. facult.	Physique et chimie	2 —
Sciences naturelles.	1 h.	Dessin.	3 (*) —
Dessin	2 h.	(*) Dont 1 heure de dessin géométrique.	
TOTAL.	22 + 4 h. facult.	TOTAL.	24 heures.

Classe de Troisième (¹).

Morale	1 heure.	Morale.	1 heure.
Français	3 heures.	Français	4 heures.
Latin	6 —	Droit usuel	1 —
Grec.	3 h. facult.	Langues vivantes	5 —
Langues vivantes	5 h.	Histoire et géographie.	3 —
Histoire et géographie	3 h.	Mathématiques.	3 —
Mathématiques	2 + 1 h. facult.	Physique et chimie.	2 —
Dessin.	2 h.	Sciences naturelles.	1 —
		Comptabilité.	1 —
		Dessin.	3(*) —
TOTAL.	22 + 4 h. facult.	(*) Dont 1 heure de dessin géométrique. TOTAL.	24 heures.

(¹) Les élèves qui suivront les cours de grec seront dispensés de trois heures de classe prélevées à raison de deux heures sur les langues vivantes et d'une heure sur le dessin.

DEUXIÈME CYCLE

(Durée trois ans, de la Seconde à la Philosophie ou aux Mathématiques.)

Classe de Seconde.

DÉSIGNATION	SECTION A — GREC-LATIN	SECTION B — LATIN LANGUES VIVANTES	SECTION C — LATIN-SCIENCES	SECTION D — SCIENCES LANGUES VIVANTES
Français	3 heures.	3 heures.	3 heures.	3 heures.
Latin.	4 —	4 —	4 —	» —
Grec	5 —	» —	» —	» —
Histoire moderne	2 —	2 —	2 —	2 —
Histoire ancienne	2 —	2 —	» —	» —
Géographie	1 —	1 —	1 —	1 —
Langues vivantes	2 —	7 (¹) —	2 —	7 (¹) —
Mathématiques	1 —	4 —	5 —	5 —
Physique et Chimie.	1 —	1 —	3 —	3 —
Exercices pratiques de sciences . .	» —	» —	2 —	2 —
Dessin.	2 —	2 —	2 h. + 2 h. (²)	2 h. + 2 h. (²)
Géologie (12 confér. d'une heure) . .	» —	» —	»	» —
TOTAUX	23 heures.	23 heures.	26 heures.	27 heures.

(1) Trois heures pour la langue déjà étudiée dans le premier cycle (dont 2 heures communes aux sections A, B, C, D) et 4 heures pour la seconde langue.

(2) Deux heures pour le dessin géométrique.

Classe de Première.

DÉSIGNATION	SECTION A — GREC-LATIN	SECTION B — LATIN LANGUES VIVANTES	SECTION C — LATIN-SCIENCES	SECTION D — SCIENCES LANGUES VIVANTES
Français	3 heures.	3 heures.	3 heures.	3 heures.
Latin	3 —	3 —	3 —	» —
Exercices complémentaires de latin.	2 —	2 h. facult.	» —	» —
Grec	5 —	» —	» —	» —
Histoire moderne	2 —	2 heures.	2 —	2 —
Histoire ancienne	2 —	2 —	» —	» —
Géographie	1 —	1 —	1 —	1 —
Langues vivantes	2 —	7(¹)—	2 —	7 (¹) —
Mathématiques	1 —	1 —	5 —	5 —
Physique	1 —	1 —	» —	» —
Physique et chimie	» —	» —	3 —	3 —
Exercices pratiques de sciences	» —	» —	2 —	2 —
Dessin	2 h. facult.	2 h. facult.	2 h. + 2 h. (²).	2 h. + 2 h. (²).
TOTAUX.	22 h. + 2 h. fac.	20 h. + 4 h. fac.	25 heures.	27 heures.

(1) Trois heures pour la langue déjà étudiée dans le premier cycle (dont 2 heures communes aux sections A, B, C, D) et 4 heures pour la seconde langue.
(2) Deux heures pour le dessin géométrique.

Classes de Philosophie et de Mathématiques.

DÉSIGNATION	PHILOSOPHIE		MATHÉMATIQUES	
	SECTION A	SECTION B	SECTION A	SECTION B
Philosophie	8 h. pend. un semest.	8 h. pend. un semest.	3 heures.	3 heures.
Philosophie	9 h. pend. un semest.	9 h. pend. un semest.	»	»
Grec-latin	4 h. fac.	»	»	»
Latin	»	2 h. fac.	»	»
Langues vivantes	2 h. fac.	3 heures (¹).	2 heures.	3 heures (¹).
Histoire	3 heures.	3 —	3 —	3 —
Mathématiques	2 —	2 —	8 —	8 —
Physique et chimie	3 —	3 —	5 —	5 —
Histoire naturelle	2 —	2 —	2 —	2 —
Exercices pratiques de sciences . .	»	»	2 —	2 —
Dessin	2 h. fac.	2 h. fac.	2 h.(²)+2 h. fac.(³)	2 h.(²)+2 h. fac.(³)
Hygiène (12 confér. de 1 heure) (⁴).	»	»	»	»
TOTAL	18 h. 1/2 + 8 h. fac.	21 h. 1/2 + 4 h. fac.	27 h. + 2 h. fac.	28 h. + 2 h. fac.

(1) Les élèves consacreront 2 heures à la langue de leur choix, 1 heure à l'autre.
(2) Deux heures pour le dessin géométrique.
(3) Le dessin d'ornement est facultatif.
(4) Ces conférences seront comprises dans le cours de sciences naturelles pour les sections de Mathématiques A et B et pour les quatre sections de Philosophie et de Mathématiques lorsque les sections seront réunies. Elles seront faites en dehors du cours de sciences naturelles pour les sections de Philosophie A et B, lorsque ces sections seront séparées.

Enseignements communs.

Le nombre des classes d'un lycée peu peuplé ne sera pas tout à fait aussi considérable que les tableaux précédents pourraient le laisser supposer ([1]), ou du moins les classes existeront bien toutes, mais pour beaucoup d'enseignements communs deux ou trois classes, parfois même quatre, réuniront leurs élèves.

Aussi peut-on considérer que les sections latin-grec et latin-langues forment, pour chaque année d'études, une seule classe : tous les enseignements y sont communs, sauf, pour l'une, celui du grec, qui est remplacé dans l'autre par une seconde langue étrangère. De même, les sections latin-sciences et sciences-langues ne diffèrent que par un point essentiel : latin d'un côté, seconde langue vivante de l'autre.

Il ne faut donc pas voir quatre types d'enseignement différents dans le second cycle, mais deux seulement (avec légères variantes), comme dans le premier cycle.

« En principe, les enseignements de même nature qui, dans les classes correspondantes des deux divisions du premier cycle ou des quatre sections du deuxième cycle, comportent un même nombre d'heures, seront donnés en commun. C'est précisément en prévision de ces réunions d'élèves qu'on n'a prévu dans ces classes pour ces enseignements qu'un seul et même programme.

« En conséquence, sauf les réserves ci-dessous, ces groupements d'élèves auront lieu : en Sixième et en Cinquième, pour les langues vivantes, l'histoire, la géographie, le dessin ; en Quatrième et en Troisième, pour les mêmes matières et pour la morale, dans le cas où cet enseignement sera donné dans les deux divisions par un même professeur.

« En Seconde, les sections A, B, C, D seront de même réunies pour l'histoire moderne, la géographie, une des langues vivantes, le dessin à main levée ; les sections A, B, C, pour le français et le latin ; les sections A et B pour l'histoire ancienne ; les sections B et D pour la seconde langue, etc.

« C'est de même en vue de rendre possible au besoin, s'il paraît devoir en résulter quelque avantage, la réunion, pendant trois heures chaque semaine, des élèves de Mathématiques A et B avec les élèves de Philosophie, pour les parties du cours qui traitent des éléments de philosophie scientifique et de

---

([1]) Et il faut remarquer que les tableaux précédents, non plus que celui de la page 2, ne mentionnent pas le cours d'études spécial de deux ans dont il est question à l'art. 7 du décret (p. 6), cours qui ne sera pas organisé en 1902-1903.

philosophie morale, qu'un même programme de ces matières a été arrêté pour ces deux classes.

« La réduction à de justes limites du surcroît de dépenses qui peut résulter de l'application des nouveaux plans d'études pour certains établissements, n'est pas l'unique avantage que l'on doit attendre de ces groupements d'élèves : les études et l'éducation y sont, à plus d'un titre, intéressées. Mais ceci suppose évidemment que les classes ainsi formées ne compteront pas un trop grand nombre d'élèves. Car le bénéfice intellectuel ou moral qu'on peut espérer de ces rapprochements et de ce travail en commun serait dès lors compromis. En ce qui concerne notamment l'enseignement des langues vivantes, un nombre d'élèves assez restreint est la condition d'une bonne application des nouvelles méthodes. »

(Circulaire ministérielle du 19 juillet 1902.)

Modifications possibles au plan d'études.

« La répartition hebdomadaire des matières d'enseignement, telle qu'elle est fixée par l'arrêté du 31 mai, pourra subir des modifications en raison du nombre des élèves dans les diverses classes, de leur force ou de leur faiblesse en telle ou telle matière du programme et des ressources des établissements. Le plan d'études le meilleur pour un lycée comme Condorcet ou Louis-le-Grand n'est pas nécessairement tel, dans toutes ses parties, pour un collège qui compte une centaine d'élèves. L'uniformité absolue du cadre est contraire, en pareil cas, à la nature des choses. Le Conseil supérieur a voulu qu'une certaine flexibilité permît d'approprier plus exactement les plans d'études aux ressources et aux convenances locales. En conséquence, les chefs d'Académie auront la latitude d'autoriser les changements proposés, après avis des assemblées de professeurs, par les chefs d'établissements, toutes les fois que l'économie générale du plan d'études ne paraîtra pas devoir en être atteinte dans ses éléments essentiels.

« En ce qui concerne l'enseignement des langues vivantes, peut-être même jugeront-ils que, si cet enseignement ne pouvait être bien organisé et donné d'une manière réellement profitable dans les classes inférieures à la Sixième, il vaudrait mieux le supprimer provisoirement. C'est, notamment, sous cette réserve expresse que le Conseil supérieur a demandé le maintien des langues vivantes au programme de la Deuxième année préparatoire (ancienne classe de Neuvième). »

(Circulaire ministérielle du 19 juillet 1902.)

COMPARAISON

*pour quelques matières, entre le nouveau
et les anciens plans d'études.*

Avant de faire cette comparaison, faisons remarquer que la classe de Rhétorique devient, pour les quatre sections, la classe de Première ; elle reprend ainsi le nom qui lui avait été attribué par l'arrêté du 19 frimaire an XI (10 déc. 1802) concernant l'organisation de l'enseignement dans les lycées. Celle de Mathématiques élémentaires s'appellera simplement la classe de Mathématiques.

I. — LANGUES VIVANTES

Premier Cycle.

Division A comparée à l'enseignement classique.

	ENSEIGNEMENT		
	nouveau (Division A)	ancien (classique)	
Classe de 6e. .	5 h.	3 h.	Le nombre d'heures consacrées à l'étude d'une langue vivante est doublé.
— 5e. .	5 h.	3 h.	
— 4e. .	5 h.	2 h.	
— 3e. .	5 h.	2 h.	
Totaux . . .	20 h.	10 h.	

Division B comparée à l'enseignement moderne.

	ENSEIGNEMENT			
	nouveau (Division B)	ancien (moderne)		
	une seule langue	1re langue	2e langue	
Classe de 6e. .	5 h.	6 h.		L'étude d'une seconde langue vivante ne commence que dans le deuxième cycle. Il est consacré un peu plus de temps à l'étude de la première langue.
— 5e. .	5 h.	4 h.	4 h.	
— 4e. .	5 h.	4 h.	4 h.	
— 3e. .	5 h.	3 h.	3 h.	
Totaux . . .	20 h.	17 h.	11 h.	

Second Cycle.

Sections latines comparées à l'enseignement classique.

	SECTION			
			Latin-Langues	
	Latin-Grec	Latin-Sciences	1re langue	2e langue
Seconde	2 h.	2 h.	3 h.	4 h.
Première	2 h.	2 h.	3 h.	4 h.
Philosophie	2 h. facult.		3 h.	
Mathématiques A. . .		2 h.		
Totaux	6 h. (dont 2 facult.)	6 h.	17 h.	

L'ancien enseignement comportait : 2 h. en Seconde, 3 h. en Rhétorique, et 1 h. dans la classe terminale (heure facultative en Philosophie, obligatoire en Mathématiques élémentaires).

Section sciences-langues vivantes comparée à l'enseignement moderne.

CLASSES	1re langue		2e langue	
	ENSEIGNEMENT		ENSEIGNEMENT	
	nouveau	ancien	nouveau	ancien
Seconde	3 h.	3 h.	4 h.	3 h.
Première	3 h.	1 h. facul.	4 h.	1 h. facul.
Mathématiques B..	1 h. (1)		2 h. (1)	
Totaux. . .	7 h.	4 h. (dont 1 facult.)	10 h.	4 h. (dont 1 facult.)

(1) Ou, inversement, 2 h. à la 1re langue, 1 h. à l'autre.

En résumé, dans la série complète des classes d'enseignement secondaire proprement dites, c'est-à-dire de la Sixième à la classe terminale, on consacrait à l'étude des langues vivantes, au total :

1° dans l'enseignement classique : **16** heures. On va y consacrer maintenant :

26 heures (dont 2 facult.) dans la division A et la section latin-grec ;

26 heures dans la division A et la section latin sciences ;

37 heures dans la division A et la section latin-langues.

2° dans l'enseignement moderne : **36** heures. On y consacrera le même temps au total dans la division B et la section sciences-langues, à une heure près (**37** au lieu de 36); mais l'étude de la seconde langue commencera trois ans plus tard.

En outre, la méthode d'enseignement des langues étrangères va subir une modification très profonde. Au lieu de s'attacher à initier les élèves aux beautés des chefs-d'œuvre de la littérature étrangère, on les mettra le plus rapidement possible en possession de la langue usuelle.

« Si l'étude des langues anciennes, disent les instructions ministérielles [1], a pour objet essentiel une certaine culture de l'esprit, les langues vivantes sont enseignées surtout en vue de l'usage.

« Le but que devra se proposer l'enseignement d'une langue vivante, au cours des études secondaires, sera donc de donner à l'élève la possession réelle et effective de cette langue.

« La langue à enseigner sera la langue courante.

« On entendra par là non seulement celle qui répond aux usages de la vie journalière, mais d'une manière générale celle qui sert à traduire par la parole toutes les manifestations de la vie physique, intellectuelle et sociale.

« Une langue vivante étant avant tout une langue parlée, la méthode qui conduira le plus sûrement et le plus rapidement à la possession de cette langue sera la méthode orale.

« Cette méthode n'est exclusive ni de la lecture des textes, ni des devoirs écrits. Mais elle n'est pas suspendue par ces exercices : elle s'y applique au contraire, elle en prend occasion et y trouve une matière. Par sa continuité même, elle réalise pour l'élève, dans la classe, quelques-uns des avantages d'un séjour en pays étranger.

« Il va de soi d'ailleurs que, tout en se rapprochant du procédé naturel de l'acquisition des langues, elle doit être employée comme une vraie méthode, c'est-à-dire d'après un plan précis et suivant une gradation continue. »

C'est, comme on le voit, toute une pédagogie nouvelle à créer, et ce n'est pas du jour au lendemain que les établissements d'enseignement secondaire seront en mesure de faire face complètement aux exigences de ce programme si nouveau et si chargé.

La difficulté sera de rendre la classe « vivante ». Lorsqu'un maître se promène à l'étranger avec son élève, tout lui est matière à conversation, les sujets sont inépuisables. Il n'en est pas de même entre les quatre murs d'une classe, à moins que le professeur ne soit en même temps un acteur incomparable, comme l'était M. Gouin [2], pour qui la classe était une scène où il pouvait successivement jouer toutes les

---

[1] Elles sont fort intéressantes à lire en entier. Les familles les trouveront dans la brochure : *Plan d'études et programmes de l'enseignement secondaire.*

[2] La méthode Gouin, mise à l'essai par la ville de Paris avec M. Gouin lui-même comme professeur, a fait beaucoup de bruit il y a quelques années : elle donnait des résultats surprenants au début ; mais son succès a paru lié à l'homme qui l'appliquait. Elle exigeait une dépense de forces physiques excessive. M. Gouin est d'ailleurs mort à la tâche.

Nouvelle organisation des études (Tableau de même nature que celui de la page 2).

	DIVISION A (Étude du Latin)			DIVISION B (Ni Grec, ni Latin)
PREMIER CYCLE (Durée : 4 ans)	Sixième A Cinquième A Quatrième A } Étude facultative Troisième A } du Grec.			Sixième B Cinquième B Quatrième B Troisième B
	SECTION A (Latin-Grec)	SECTION B (Latin-Langues)	SECTION C (Latin-Sciences)	SECTION D (Sciences-Langues)
SECOND CYCLE (Durée : 3 ans)	Seconde A Première A	Seconde B Première B	Seconde C Première C	Seconde D Première D

Philosophie.

A (Grec, Latin, Langues, facult.)	B (Latin facult.)	Mathématiques A et B

pièces. Aussi, pour tenir la classe en haleine, fera-t-on appel à l'actualité : le journal (¹) pourra prendre la place d'un livre de lecture.

Le détail des « instructions » relatives aux langues vivantes est intéressant à lire, mais trop étendu pour que nous le reproduisions ici. On le trouvera dans la brochure : *Plans d'études et programmes complets de l'enseignement secondaire*, qui se vend aussi fractionnée.

Les langues vivantes admises au baccalauréat sont l'allemand, l'anglais, l'espagnol, l'italien et le russe. L'allemand et l'anglais sont enseignés dans tous les lycées et collèges ; l'italien, dans le sud-est ; l'espagnol dans le sud-ouest, dans quelques établissements libres du littoral de la Manche et de l'Océan et dans quelques grandes villes de l'intérieur ; le russe est encore très peu enseigné en France.

II. — SCIENCES

Comme nous allons, dans ce qui suit, avoir à faire un usage très fréquent des mots " division ", " section", et que beaucoup de personnes établissent dans leur esprit des liens qui n'existent pas entre la division B, la section B, les Mathématiques B, la Philosophie B, — et de même pour les A, — nous présentons ci-contre un tableau moins chargé que celui de la page 2, un peu différent, et auquel on se reportera quand on craindra de faire une confusion.

1° Mathématiques.

Premier Cycle.

Pour les quatre années de la *division* A, il y a un total de 7 heures obligatoires contre 7 heures obligatoires dans les classes correspondantes de l'enseignement classique.

Il y a en plus, dans la division A, 1 h. facultative dans chacune des classes de Quatrième et Troisième. Les élèves qui se destinent à la section latin-sciences devront de toute nécessité suivre cet enseignement facultatif, sous peine de se trouver, en Seconde, bien inférieurs aux élèves venant de la division B, avec lesquels ils seront réunis.

Pour l'ensemble du premier cycle, la *division B* a 13 heures, contre 11 heures qu'avait l'enseignement moderne.

Second Cycle.

Sections *latin-grec* et *latin-langues* : 4 heures obligatoires contre 8 heures (dont 1 facultative) dans l'enseignement classique. Ces heures rendues disponibles en Seconde et en Première profitent à l'étude du grec ou à celle d'une seconde langue vivante.

(¹) A partir d'octobre 1902, on pourra s'abonner à *une seule* des quatre langues étrangères (allemande, anglaise, espagnole, italienne) du journal scolaire *Les Quatre langues*.

Section *latin-sciences* : 18 heures contre 16 heures (dont une facultative) dans les classes de Seconde, Rhétorique et Mathématiques élémentaires.

Section *sciences-langues vivantes* : 18 heures dans les trois années du second cycle contre 10 heures dans les deux classes de Seconde et Première moderne.

2° Physique et Chimie.

Premier Cycle.

Les notions fondamentales de la physique et de la chimie seront enseignées en Quatrième et en Troisième de la *division B*, dans laquelle doivent normalement se trouver les élèves qui quitteront le lycée à l'issue du premier cycle. Ces notions seront reprises et complétées dans le second cycle, pour ceux qui continueront.

Second Cycle.

Sections A et B. — La physique sera enseignée pendant les trois années, au lieu de l'être simplement en Philosophie.

On ne verra plus de grands garçons de 17 à 18 ans vivre comme dans un monde étranger au milieu de toutes les manifestations des phénomènes physiques qui se mêlent si intimement maintenant à notre existence quotidienne. — La chimie sera enseignée, comme auparavant, en Philosophie.

Section C et Mathématiques A. — La physique et la chimie seront enseignées pendant les trois années, alors qu'elles ne l'étaient auparavant qu'en Mathématiques élémentaires : au total 11 heures de cours au lieu de 6.

En outre — innovation très importante — les élèves feront, pendant chacune des trois années, et à raison de 2 heures par semaine, des exercices pratiques de physique et de chimie (et aussi quelques exercices d'histoire naturelle, en Mathématiques).

Par exemple, on leur fera, en physique, « étudier les lois du pendule et déterminer à 1 p. 100 près la valeur de l'intensité de la pesanteur avec un fil à plomb, un mètre et une montre ; construire des poids divisionnaires avec un fil métallique ; déterminer la densité d'un liquide à 1 p. 100 près avec une bouteille ordinaire et une balance du commerce ; vérifier le principe d'Archimède avec une balance ordinaire, des vases gradués et des vases à déversement ; répéter l'expérience de Torricelli ; faire le vide avec la trompe à eau ; comparer la chaleur spécifique de l'eau avec celle du laiton (il suffit pour cela d'un vase en verre, d'un *poids* et d'un thermomètre ordinaire) ; déterminer des points de congélation et en déduire un poids moléculaire ; faire une mesure photométrique avec un crayon et une simple feuille de papier comme photomètre ; dessiner avec la chambre claire et le microscope ; enregistrer les vibrations d'un diapason ; tracer les lignes de force d'un champ magnétique avec de la limaille de fer ; cuivrer un objet par galvanoplastie ;

construire des résistances graduées avec du fil de maillechort ; s'en servir pour une mesure de résistance, etc. »

Les établissements d'instruction, surtout ceux qui ont beaucoup d'élèves, ne sont pas outillés pour donner cet enseignement pratique. Il faudra beaucoup de place, beaucoup de temps et de l'argent pour qu'on arrive à l'organiser complètement.

Pour toutes ces choses nouvelles, le programme officiel ne donne d'ailleurs que des indications générales ; il jalonne la voie dans laquelle il convient de s'engager ; mais il n'impose pas la réalisation en un jour de ce qui ne peut être que l'œuvre du temps.

Section D et Mathématiques B. — Pour rendre la comparaison possible, il nous faut rapprocher les trois dernières années d'études actuelles des trois dernières années d'études anciennes, c'est-à-dire faire correspondre la Seconde D nouvelle à la Troisième moderne ancienne, et ainsi de suite.

On attribuait 10 heures à l'enseignement de la physique et de la chimie ; il y en aura 11 maintenant.

On faisait des manipulations — de chimie seulement — pendant près d'une heure par semaine, en moyenne. On fera maintenant des manipulations de physique et de chimie (et un peu aussi d'histoire naturelle) pendant 2 heures par semaine, soit, pour les trois années, 6 h. maintenant contre 2 h. 1 2 environ autrefois.

3° **Histoire naturelle.**

Sauf une addition, le programme est le même que par le passé (à quelques mots près).

Les élèves de Mathématiques A ne pourront plus se dispenser de l'étudier, comme le faisaient trop souvent ceux de Mathématiques élémentaires, parce que maintenant ce programme a une sanction aux examens du baccalauréat, comme il en avait une aux examens correspondant aux trois autres classes terminales.

L'addition consiste en un beau programme de physiologie et hygiène applicable à la classe de Troisième B. On veut que ceux qui arriveront ici au terme de leurs études ne soient pas lancés dans la vie sans emporter du collège les notions fondamentales d'hygiène que chacun devrait posséder. « L'homme ne meurt pas, il se tue. » Cette boutade bien connue renferme, sous son exagération évidente, une part énorme de vérité. Aussi ne peut-on qu'applaudir en voyant l'Université répandre sous toutes les formes et dans tous les milieux qu'elle atteint l'enseignement de l'hygiène. Il était inconnu, hélas ! de notre génération. Nos fils seuls en bénéficient, et encore beaucoup d'entre eux doivent-ils attendre pour cela d'être arrivés en Philosophie ou en Mathématiques. C'est bien tard. Il y a, en dehors de l'hygiène générale, une hygiène de l'écolier dont les élèves de la division latine pourraient aussi tirer grand profit. Point n'est besoin pour l'apprendre d'un enseignement *ex cathedra* ; aussi recommandons-nous aux parents de ces élèves, comme véritables livres de famille, les excellents petits manuels scolaires d'hygiène qui existent actuellement. De pareils livres peuvent faire un bien incalculable.

III. — HISTOIRE ET GÉOGRAPHIE

Le nouveau plan d'études attribue un nombre d'heures encore plus grand que l'ancien à l'enseignement de l'histoire ; mais la géographie ne gagne rien : elle perd même une demi-heure dans l'enseignement classique.

Premier Cycle. — *Histoire et Géographie :* 12 heures pour l'ensemble des quatre années du premier cycle, dans la division A comme dans la division B ; 12 heures également dans l'ensemble des classes correspondantes de l'enseignement classique.

Second Cycle. — *Géographie :* 2 heures dans les quatre sections contre 2 h. 1/2 dans l'enseignement classique et 2 h. dans l'enseignement moderne.

Histoire moderne : 7 heures dans les quatre sections, contre 7 h. dans l'enseignement classique et 5 h. dans l'enseignement moderne.

Histoire ancienne : 4 heures (2 en Seconde, 2 en Première) dans les sections A et B. Elle n'était pas enseignée dans les classes supérieures classiques ni modernes.

La nécessité de condenser un premier enseignement, rapide, de l'histoire de France entière dans le premier cycle, pour ceux qui termineront là leurs études, a fait reporter au second cycle (pour les sections A et B seulement) une étude de l'antiquité moins sommaire que celle qui peut être faite en Sixième.

On se rendra d'ailleurs compte par le tableau ci-contre des différences profondes qui existent entre l'ancienne et la nouvelle répartition des matières d'histoire.

IV. — FRANÇAIS, LATIN, GREC

Dans la division B du premier cycle et la section D du second, l'enseignement de la langue française absorbe 25 heures au total, contre 26 dans l'enseignement moderne.

CLASSES ÉLÉMENTAIRES

Classes	Ancien régime	Nouveau régime
Neuvième.	Biographie d'hommes illustres des temps anciens et modernes. — Scènes historiq. célèbres.	Récits et entretiens familiers sur les plus grands personnages et les faits principaux de l'histoire nationale.
Huitième.	Histoire sommaire de la France depuis les origines jusqu'en 1483.	Histoire sommaire de la France depuis les origines jusqu'en 1610.
Septième.	Histoire sommaire de la France de Charles VIII à 1815.	Histoire sommaire de la France de 1610 à 1871.

PREMIER CYCLE

Classes	Ancien régime CLASSIQUE	Nouveau régime (DIVISIONS A ET B)	Ancien régime MODERNE
Sixième.	Histoire de l'Orient.	L'antiquité.	Histoire de l'ancien Orient et de la Grèce.
Cinquième.	Histoire grecque.	Le moyen-âge et le commencement des temps modernes (jusqu'en 1453).	Histoire romaine.
Quatrième.	Histoire romaine.	Les temps modernes (de 1453 à 1789).	Histoire de l'Europe et de la France jusqu'en 1270.
Troisième.	Histoire de l'Europe et de la France jusqu'en 1270.	L'époque contemporaine (de 1789 à 1889).	Histoire de l'Europe et de la France de 1270 à 1610.

SECOND CYCLE

Classes		Ancien régime CLASSIQUE	Nouveau régime DIVISIONS LITTÉRAIRES	Nouveau régime DIVISIONS SCIENTIFIQ.	Ancien régime MODERNE
Seconde.	Histoire ancienne.	. . . .	Histoire de l'ancien Orient et de la Grèce.		Histoire de l'Europe et de la France de 1610 à 1789.
	Histoire moderne.	Histoire de l'Europe et de la France de 1270 à 1610.	Histoire de l'Europe du Xe au XVIIe siècle et de la France jusqu'en 1715.		
Première.	Histoire ancienne	. . . .	Histoire romaine et histoire génér^le jusqu'au Xe siècle.		
	Histoire moderne.	Histoire de l'Europe et de la France de 1610 à 1789.	Histoire de l'Europe et de la France de 1715 à 1815.		Histoire contemporaine (de 1789 à 1889).
Philosophie ou mathém.	Histoire moderne.	Histoire contemporaine (de 1789 à 1889).	Histoire contemporaine (1815-1889).		

Comparaison entre la division gréco-latine et l'enseignement classique. — Elle ressort du tableau ci-dessous :

CLASSES	NOUVEL ENSEIGNEMENT GRÉCO-LATIN			ANCIEN ENSEIGNEMENT CLASSIQUE		
	Français	Latin	Grec	Français	Latin	Grec
Sixième	3 h.	7 h.	»	3 h.	10 h.	»
Cinquième	3	7	»	3	8ʰ1/2	1ʰ1/2
Quatrième	2	6	3 h.	2	5	6
Troisième	3	6	3	2	5	5
Seconde	3	4	5	2	5	5
Première ou Rhétorique	3	5	5	4	4	4
Philosophie	»	2 fac.	2 fac.	»	»	»
Totaux	18 h.	37 h.	18 h.	16 h.	37ʰ1/2	24ʰ1/2
Totaux généraux	73 h.			78 h.		

V. — MORALE ET PHILOSOPHIE

Premier Cycle : *Morale.* — Dans chacune des classes de Quatrième et de Troisième A et B, une heure sera consacrée spécialement à l'enseignement de la morale. Cet enseignement est un peu nouveau ; il n'avait pas d'équivalent dans la division classique, ou du moins la morale n'y faisait pas l'objet d'un enseignement particulier : elle se dégageait, dans toute la série des classes, des leçons du professeur. — En Quatrième moderne, il y avait une heure de morale.

Second Cycle : *Philosophie.* — Classes de *Philosophie A et B :* 8 h. 1/2 par semaine, comme dans l'ancienne classe de Philosophie.

Classes de *Mathématiques A et B :* 3 h. par semaine, au lieu de 2 h. dans les anciennes classes de Mathématiques élémentaires ou de Première-sciences.

VI. — COMPTABILITÉ ET DROIT USUEL

Ces matières passent de la classe terminale de l'enseignement moderne aux classes de Quatrième et de Troisième B (premier cycle). La comptabilité aura 2 heures au lieu d'une.

L'économie politique, qui n'était enseignée que dans la section moderne, disparaît du programme des études secondaires. On ne peut pas tout apprendre au collège. Mais la connaissance des principes fondamentaux de l'économie politique a une influence telle sur la conduite de la vie, pour ceux qui se destinent aux carrières actives, que nous leur conseillons de lire et de méditer un manuel scolaire d'économie politique.

APPLICATION

DES NOUVEAUX PROGRAMMES

Les nouveaux programmes vont entrer en application en octobre 1902 dans les classes enfantines, préparatoires et élémentaires, dans les quatre classes du premier cycle et dans la classe de Seconde.

Toutefois, les élèves sortant de Troisième moderne, qui avaient pu entrer au lycée avec la pensée d'être bacheliers après six années et non sept d'études secondaires, auront la faculté de continuer leurs études d'après l'ancien régime, c'est-à-dire de passer en Seconde moderne, ou d'opter pour le nouveau régime, c'est-à-dire d'entrer en Seconde D. (En réalité, il n'y aura qu'une seule classe, mais des conférences permettront aux élèves pressés de se préparer pour la fin de l'année aux épreuves du baccalauréat moderne).

Il nous faut dire un mot de la mise en vigueur du nouveau baccalauréat et de la disparition des anciens : l'existence de certaines classes y est liée.

La première session relative à la première partie du *nouveau* baccalauréat (latin-grec, latin-langues vivantes, latin-sciences ou sciences-langues vivantes) sera ouverte en juillet-août 1904, et la première session relative à la seconde partie (philosophie ou mathématiques), un an après.

Il ne sera plus reçu d'inscription :

Pour la première partie du baccalauréat de l'enseignement *classique*, à dater de la session de juillet-août 1904 [1].

---

[1] Il est probable qu'il sera apporté ultérieurement quelque tempérament à cette mesure. Appliquée rigoureusement, elle mettrait dans un grand embarras certains jeunes gens engagés dans les études actuelles et qui se trouveraient retardés par suite de circonstances fortuites (maladie, etc.).

Pour la première partie du baccalauréat de l'enseignement *moderne*, à dater de la session de juillet-août 1905.

Toutefois, les candidats qui, antérieurement à ces dates, se seront présentés à la première partie du baccalauréat de l'enseignement classique ou à la première partie du baccalauréat de l'enseignement moderne, conserveront le droit de subir l'examen d'après l'ancien régime.

Nous venons de parler des lycées et des principaux collèges. Mais il y a aussi l'enseignement libre, qui, comme son nom l'indique, a les coudées plus franches.

Les établissements privés qui donnent l'enseignement des humanités et qui ne veulent pas pour l'avenir se limiter à la section gréco-latine, sont forcés de créer dès cette année la Seconde C, et, la créant, s'ils donnent aussi l'enseignement moderne ils se trouveront *ipso facto* en possession de la Seconde D, puisque nous avons dit qu'elles ne formaient en réalité qu'une seule classe.

Mais beaucoup d'établissements libres ne donnent que l'enseignement moderne, et nous croyons que ceux-là non seulement ne créeront pas la Seconde D cette année, mais pas même la Troisième B. Ils ne donneront l'enseignement nouveau, en 1902-1903, que dans les classes de Sixième, Cinquième et Quatrième. Leurs élèves qui vont entrer en Troisième moderne arriveront encore à se présenter dans les délais voulus au baccalauréat ancien, et en cas d'échec ils auront la ressource du baccalauréat nouveau.

« Les élèves qui vont entrer en Rhétorique, en Philosophie ou en Mathématiques élémentaires subiront les examens du baccalauréat d'après l'ancien régime : ils ne sont donc pas touchés par les mesures nouvelles ; les programmes actuels desdites classes seront maintenus pour toutes les matières. Toutefois, les professeurs, tout en se tenant dans la limite des anciens programmes, trouveront avantage à s'inspirer sur plusieurs points des programmes nouveaux.

« Dans l'enseignement moderne, la classe de Première-sciences paraît ne pouvoir être conservée qu'à titre tout à fait exceptionnel, et seulement là où les élèves seront en nombre suffisant : il est à prévoir que, dans la plupart des cas, ceux-ci pourront être versés sans aucun inconvénient dans la classe de Mathématiques élémentaires.

« Les élèves qui achèvent en ce moment les classes de Cinquième et de Quatrième moderne auront commencé l'étude d'une seconde langue vivante, étude qui, dans le nouveau régime, ne doit commencer qu'en Seconde ; il sera donc bon qu'une conférence, prise sur le total des heures consacrées à l'unique langue vivante normalement enseignée désormais dans les classes de Quatrième et de Troisième, permette aux élèves dont il s'agit de conserver jusqu'à leur entrée en Seconde les notions qu'ils ont déjà acquises sur cette seconde langue. Il se peut même que quelques-uns de ces élèves trouvent avantage à prendre comme langue principale celle dont ils ont commencé l'étude seulement en second lieu ; je ne vois pas d'inconvénient à leur laisser cette latitude ([1]). »

Régime de transition pour l'Histoire et la Géographie.

L'application intégrale, dès l'année 1902-1903, des nouveaux programmes relatifs à l'enseignement de l'histoire et de la géographie aurait pour effet de faire subir aux élèves en cours d'études à la fois des répétitions fastidieuses et des omissions regrettables. En vue de leur éviter ce préjudice, les nouveaux programmes seront appliqués progressivement.

Les tableaux suivants indiquent les cours qui seront faits en 1902-1903 :

1er CYCLE. — DIVISION A

	HISTOIRE		GÉOGRAPHIE	
6e	Histoire ancienne de l'Orient .... Histoire grecque ... Histoire romaine ...	Nouv. progr.	Géographie générale. Amérique .... Australasie	Nouv. progr.
5e	Histoire grecque..... Histoire romaine ...	Nouv. progr. de 6e moins l'histoire ancienne de l'Orient.	Asie............... Afrique. .... Océanie...........	Anc. progr. de 3e classique.
4e	Histoire romaine ...	Anc. progr. de 4e.	Amérique...........	Anc. progr. de 4e classique.
3e	Moyen-âge (jusqu'en 1453)............	Nouv. progr. de 5e.	Asie............... Afrique............ Océanie...........	Anc. progr. de 3e classique.

2ᵉ CYCLE. — SECTIONS A. B. C

	HISTOIRE		GÉOGRAPHIE	
2ᵉ	Histoire de l'Europe et de la France du xᵉ siècle à 1715... Histoire ancienne de l'Orient et histoire grecque.........	Nouv. progr. de 2ᵉ.	Europe.............	Anc. progr. de 2ᵉ classique.

Dans les classes de Première et de Philosophie, les anciens programmes resteront en vigueur.

1ᵉʳ CYCLE. — DIVISION B

	HISTOIRE		GÉOGRAPHIE	
6ᵉ	Histoire ancienne de l'Orient......... Histoire grecque.... Histoire romaine ...	Nouv. progr.	Géographie générale. Amérique............ Australasie........	Nouv. progr.
5ᵉ	Histoire romaine ...	Anc. progr. de 5ᵉ moderne.	Géographie générale. Amérique .... Australasie	Nouv. progr. de 6ᵉ
4ᵉ	Histoire de l'Europe et de la France de 395 à 1270.......	Anc. progr. de 4ᵉ moderne.	Asie .... Afrique........... Océanie...........	Anc. progr. de 4ᵉ moderne.
3ᵉ	Histoire de l'Europe et de la France de 1270 à 1610	Anc. progr. de 3ᵉ moderne.	Europe.............	Anc. progr. de 3ᵉ moderne.

2ᵉ CYCLE. — SECTION D.

	HISTOIRE		GÉOGRAPHIE	
2ᵉ	Histoire de l'Europe et de la France de 1610 à 1715......	Nouv. progr. de 2ᵉ.	Géographie générale.	Nouv. progr. de 2ᵉ

Pourront être réunis :

Les élèves des classes de 6ᵉ (Division A) et de 6ᵉ (Division B), pour les cours d'histoire et de géographie ;

Les élèves de la classe de 6ᵉ (Division B) et de la classe de 5ᵉ (Division B, pour le cours de géographie (géographie générale, Amérique, Australasie) ;

Les élèves de 4ᵉ (Division A) et de 5ᵉ (Division B), pour le cours d'histoire (histoire romaine) ;

Les élèves de 3ᵉ (Division A) et de 4ᵉ (Division B, pour le cours de géographie (Asie, Afrique, Océanie) ;

Les élèves de 2ᵉ (Sections A, B, C, et de 3ᵉ (Division B), pour le cours de géographie (Europe).

Dans les classes préparatoires et les classes de Huitième et de Septième, les nouveaux programmes peuvent être appliqués dès l'année 1902-1903. Toutefois, pour la classe de Septième, le cours prévu sera complété cette année par l'étude préalable de la période comprise entre le commencement des guerres d'Italie et l'année 1610.

(Circulaire ministérielle du 23 juillet 1902.)

Régime de transition pour les sciences.

Au sujet de l'enseignement des sciences, les mesures transitoires qu'il y aura lieu d'appliquer durant l'année 1902-1903 sont les suivantes :

Premier cycle. Division A. Pour les *Mathématiques*, les professeurs feront, quand cela leur semblera nécessaire, quelques raccords, les programmes actuels et les nouveaux programmes ne présentant que peu de différence.

Histoire naturelle. — On ne fera pas de géologie en Quatrième pendant l'année 1902-1903, ce cours ayant déjà été vu en Cinquième durant l'année 1901-1902 : l'heure qui est attribuée par le nouveau programme à l'étude de la géologie pourra, s'il est jugé nécessaire, s'ajouter, pour cette année, au nombre d'heures prévues pour tel ou tel autre enseignement.

Premier cycle. Division B. Pour les *Mathématiques*, pendant l'année scolaire 1902-1903, on ne fera pas de cours d'algèbre en Quatrième, mais on fera le cours de géométrie plane tout entier.

En Troisième, on étudiera les troisième et quatrième livres de géométrie plane : on traitera, sans s'y attarder, de la mesure des volumes ; on fera, en outre, le cours d'algèbre (programme intégral).

Physique et chimie. Comme il ne sera pas fait, en 1902-1903, de cours de morale aux élèves de Troisième, qui ont déjà reçu cet enseignement, on pourra disposer de l'heure ainsi laissée libre, en faveur de la physique et de la chimie en se référant aux programmes de Quatrième B et de Troisième B (nouveau régime).

(Circulaire ministérielle du 19 juillet 1902.)

DU CHOIX A FAIRE

ENTRE LES DIFFÉRENTES BRANCHES D'ÉTUDES

Choix d'une langue vivante.

Dès la Neuvième, on apprend une langue vivante. Le choix des parents doit porter sur l'anglais, l'allemand, l'espagnol et l'italien.

Comme nous l'avons dit, l'italien est peu enseigné en France; l'espagnol l'est davantage; mais c'est surtout l'anglais et l'allemand qui s'offrent presque partout à l'option des familles.

Si l'enfant doit, au cours de ses études, apprendre l'une et l'autre de ces langues, il est naturel qu'il commence par l'allemand, dont la connaissance lui facilitera beaucoup, plus tard, l'acquisition de l'anglais.

S'il ne doit apprendre que l'une de ces deux langues, toutes sortes de raisons particulières peuvent influer sur le choix des parents. Après la guerre de 1870, l'allemand, bien que plus difficile à apprendre, a eu beaucoup plus d'adeptes que l'anglais, surtout dans les milieux où l'on envisageait comme une éventualité possible l'entrée de l'élève à Saint-Cyr ou à l'École polytechnique, où l'allemand est exigé (Il l'est aussi à l'école du service de santé militaire).

La mode est restée à l'allemand. Cependant, un revirement en faveur de l'anglais se produit. Cette langue est celle des deux peuples les plus puissants de la terre au point de vue économique et elle est parlée dans le monde entier.

L'anglais est nécessaire pour l'école navale.

Pour l'école du service de santé de la marine, on a le choix entre l'anglais et l'allemand.

L'anglais et l'espagnol sont les deux langues commerciales par excellence. Pour cette raison, et aussi parce qu'elles sont faciles à apprendre, certains établissements d'enseignement moderne les enseignaient exclusivement, en vue du baccalauréat. Ils continueront évidemment.

Il n'est pas sans intérêt de faire remarquer que si l'anglais est plus facile à apprendre que l'allemand pour celui qui doit seulement lire ou écrire la langue, il n'en est peut-être pas de même quand on doit la parler et surtout la comprendre à l'audition. Or, le nouvel enseignement sera surtout oral, et l'éducation de l'oreille, pour les élèves faisant de l'anglais, sera assez délicate.

Choix à faire dans les classes d'enseignement secondaire proprement dites.

C'est au moment d'entrer en Sixième, première année du premier cycle des études secondaires proprement dites, qu'un nouveau choix s'impose aux familles.

Si elles optent pour l'enseignement sans latin ni grec, leur enfant s'engagera dans la section correspondante et y restera jusqu'au terme de ses études.

Si, au contraire, l'enfant entre dans la section latine, les familles auront encore à se demander, après la Cinquième, s'il fera ou ne fera pas de grec.

Enfin, après la Troisième, l'enfant est devenu un jeune homme, ses aptitudes et ses goûts ont déjà pu s'affirmer. Nouvelle décision à prendre, peut-être plus motivée celle-là :

S'il a fait du grec, il semble naturel qu'il poursuive cette étude et qu'il entre dans la section latin-grec. Cependant, si ses parents n'ont voulu lui faire donner que les premières notions de la langue, juste ce qu'il faut pour connaître l'étymologie des mots les plus courants de notre langue qui dérivent du grec et de ceux que la science forme tous les jours, — ou encore s'il est reconnu que l'élève n'a pas de dispositions pour cette étude, il peut passer en Seconde B ou en Seconde C, ou même en Seconde D s'il veut renoncer aussi au latin.

S'il n'a pas fait de grec, il entrera en Seconde B ou en Seconde C, ou même en Seconde D.

A l'issue de la Première, la voie naturelle est toute tracée : de Première A ou B, on passera en Philosophie A ou B, qui ne sont guère, comme nous l'avons dit, qu'une seule et même classe; de même qu'on passera en Mathématiques en sortant de Première C ou D.

Cependant, il faut remarquer qu'*en principe* ces classes de Philosophie et de Mathématiques ne sont pas plus liées à une section (A, B, C, D) qu'à une autre. Un élève qui a passé la première partie de son baccalauréat sur les matières enseignées dans l'une des quatre sections peut subir les épreuves de la seconde partie indistinctement sur les matières qui correspondent à la classe de Philosophie ou à la classe de Mathématiques. (A la deuxième partie du baccalauréat, il n'y a pas quatre variétés d'examens comme à la première : il n'y en a que deux : l'examen des élèves de Philosophie et celui des élèves de Mathématiques).

Mais si la possibilité existe pour un élève de Première C ou D de passer en Philosophie, pratiquement la réciproque n'est pas vraie : un élève de Première A ou B sera bien rarement à même (jamais s'il n'a suivi que l'enseignement des programmes officiels) de passer en Mathématiques.

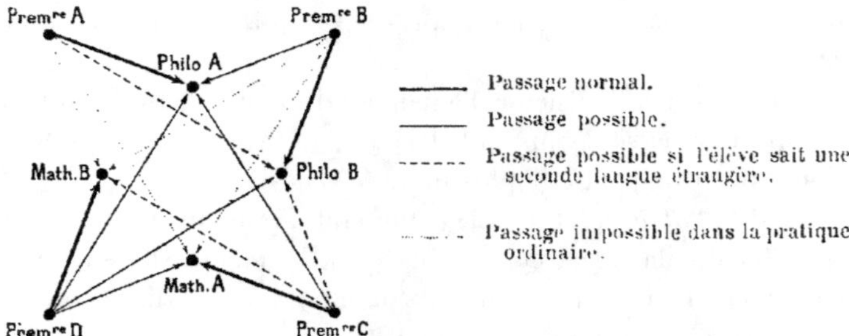

La figure ci-dessus indique, parmi les seize combinaisons qui seraient permises si l'on se plaçait au seul point de vue du baccalauréat, celles qui sont pratiquement réalisables. On voit que, seul, l'élève de Première D peut passer indistinctement dans les quatre classes de Philosophie A, B ou Mathématiques A, B.

Faut-il conclure de tout cela qu'un élève qui se destine par exemple à l'École polytechnique ou à Saint-Cyr et qui tiendrait à faire des études philosophiques ne le pourrait plus? Nullement. Seulement, au lieu d'entrer dans la classe de Mathématiques élémentaires en sortant de Philosophie, il entrera en Philosophie en sortant de Mathématiques.

D'ailleurs, ce cas sera plus rare maintenant, parce que la limite d'âge supérieure, pour les deux Écoles, est ou va être abaissée d'un an. Pour Saint-Cyr, c'est fait : le prochain concours (1903) est le dernier auquel pourront se présenter les élèves ayant eu plus de 20 ans (et moins de 21) au 1er janvier de l'année du concours. Pour l'École polytechnique, un projet de loi abaissant la limite à 20 ans aussi (du 1er janvier au 31 décembre de l'année du concours) est déposé. Donc on doit considérer que les candidats à Saint-Cyr et à l'École polytechnique ne pourront bientôt plus concourir *après l'année précédant celle de leur tirage au sort* (ces deux concours commencent dans les derniers jours de mai). Ayant un an de moins pour se préparer, il leur sera plus difficile que par le passé de prendre le même souci de leur culture générale.

Cependant, s'il devient permis d'inscrire sur les diplômes de bachelier les deux mentions mathématiques et philosophie (le décret ne le dit pas, mais c'est probablement une lacune qui sera comblée), rien n'empêchera un bon élève de la classe de Mathématiques d'étudier la partie de la philosophie qui n'est pas commune au programme des deux classes terminales et de se présenter à la fois au baccalauréat de mathématiques et au baccalauréat de philosophie.

Un candidat à certaines grandes Écoles (Polytechnique, Saint-Cyr, etc.) qui aurait ainsi la double mention sur son diplôme, bénéficierait-il comme actuellement d'un avantage de points? C'est une question à laquelle personne probablement n'est actuellement préparé à répondre. Elle n'a d'ailleurs pas une grande importance en elle-même et elle ne peut avoir aucune influence sur la détermination que les familles ont à prendre en ce moment.

Maintenant que nous avons expliqué le mécanisme des classes, ce que sont les différentes divisions, sections, les pénétrations possibles de l'une à l'autre, etc., il nous reste à dire un mot du choix à faire entre ces différentes filières.

La principale raison qui éloignait bien des familles de l'enseignement sans grec ni latin était l'inégalité des sanctions au baccalauréat : le baccalauréat moderne ne donnait pas accès aux Facultés de droit et de médecine ni à toutes les carrières; il n'avait pas la même vertu que l'autre (qui donnait un avantage de points) pour l'admission à certaines écoles. Cette raison a disparu : le décret du 22 juillet 1902 stipule que le nouveau baccalauréat « est admis, quelle que soit la mention inscrite sur le diplôme, pour l'inscription dans les Facultés et Écoles d'enseignement supérieur, en vue des grades ou titres conférés par l'État. »

Ce décret n'engage explicitement il est vrai que le Département de l'Instruction publique. Mais comme l'esprit de la réforme est très net, et qu'elle a été sanctionnée par le Sénat et la Chambre des députés, il est peu probable qu'un autre Ministère vienne par la suite établir des distinctions entre les diplômes, suivant les mentions dont ils seront revêtus. Il nous paraît impossible, en tout cas, puisqu'il n'y a plus qu'« un seul baccalauréat », que le diplôme ne permette pas de s'inscrire indifféremment pour tous les examens et tous les concours. Tout au plus pourrait-on voir un jour une mention particulière donner un avantage de points.

De ce côté donc nulle inquiétude : le diplôme sanctionnant les études sans grec ni latin ne fermera jamais aucune porte.

Si un enfant n'a que quatre ans à consacrer à ses études secondaires, il n'y a pas d'hésitation à avoir : c'est la division B qui lui convient. Il en est de même quand l'avenir de la famille n'est pas très assuré et qu'un événement malheureux peut obliger à retirer l'enfant du collège : dès la troisième et la quatrième année d'études, il emportera de la division B un bagage de connaissances plus immédiatement utilisable que celui qu'il aurait eu dans la division A.

Pour le commerce et l'industrie ordinaires, les professions agricoles, la colonisation, les fonctions administratives modestes, c'est aussi la division B qui convient.

La division A-Section A s'adresse à ceux qui veulent faire leur carrière dans l'enseignement, la littérature, les bibliothèques, les archives, la magistrature, le barreau, ou qui ambitionnent des situations élevées dans les grandes administrations publiques. Cependant, pour ceux qui se destinent à l'enseignement des sciences, la division A-Section C est tout indiquée, ce qui ne veut pas dire qu'on ne réussirait pas dans cette carrière en passant par la division B-Section D. Une réserve encore au sujet du barreau : certains avocats prennent maintenant la spécialité des affaires industrielles ; quelques-uns même (mais c'est encore tout à fait l'exception) passent au préalable par l'école centrale. Celui qui aurait des vues de ce genre pourrait passer de la division A dans la section C. Déjà avec le baccalauréat classique lettres-mathématiques on pouvait prendre des inscriptions dans les Facultés de droit (et on n'en pouvait pas prendre dans les Facultés de médecine !).

Après cette parenthèse, revenons à l'enseignement gréco-latin. Il convient encore à tous les jeunes gens intelligents, aimant l'étude, qui, n'ayant à prendre aucun souci de leur avenir, ayant le temps, vivant dans des milieux affinés, tiennent à avoir la plus haute culture intellectuelle possible. Si plus tard des connaissances scientifiques étendues leur deviennent nécessaires, ils ne seront pas embarrassés pour les acquérir. Ceux-là sont nombreux encore, et les études latines ne sont pas près de périr. Si elles disparaissent de quelques établissements d'instruction, si elles se concentrent, plus fortes, dans d'autres, où sera le mal ?

La division A-Section B semble indiquée pour ceux qui veulent faire leur carrière dans la diplomatie, les grands consulats ou au Ministère des affaires étrangères. S'ils ont du goût pour le grec, ils peuvent cependant préférer la section A à la section B : alors, après le collège ils auront une langue étrangère de plus à apprendre.

Division A-Section C pour ceux qui visent aux grandes écoles militaires. Cependant, une fois engagés dans la division B, ils arriveraient de même par la Section D.

École centrale : division A-Section C ou division B-Section D.

La section B pourra encore être préférée à la Section A ou à la section C par ceux qui, ayant eu la facilité d'habiter des pays étrangers ou d'y voyager souvent, et plus préoccupés du bacca-

lauréat que de leurs études, se seront mis sans effort en possession de deux langues étrangères.

Nous ne sommes pas guidé seulement ici, il faut bien l'avouer,
par la froide raison : nous tenons compte dans une large mesure
des habitudes, des préjugés des familles, des milieux dans lesquels leurs enfants seront appelés à vivre suivant qu'ils embras-
seront telle ou telle carrière. Autrement, nous dirions que pour
les quatre cinquièmes des élèves fréquentant les établissements
d'enseignement secondaire, l'enseignement sans grec ni latin, tel
qu'il vient d'être constitué, est celui qui convient le mieux, surtout si les nouvelles méthodes de langues vivantes tiennent leurs
promesses. Quelle puissance pour la France si l'enseignement
secondaire nous livrait tous les ans dix mille jeunes gens pouvant
se faire comprendre dans deux langues étrangères !

Nous allions oublier la médecine. La filière préférable nous
paraît être celle-ci, mais c'est un avis que nous donnons timide-
ment : division A, Seconde C, Première C, Philosophie A. D'autres préféreront peut-être la division A-section A, ou la division
A et la section C jusqu'au bout, c'est-à-dire avec les Mathématiques. Le médecin qui voudrait faire de la science au lieu de faire
de la clientèle, ou qui voudrait faire les deux, a un grand intérêt
à pouvoir lire les mémoires en langue étrangère; ce serait alors
la section B qui conviendrait. Enfin, comme on n'a pas toujours
le goût de la médecine dès l'âge de onze ans, personne ne doute
que bien des élèves engagés dans la division B-section D feront
de la médecine; mais au moins chez eux ce sera le fait d'une
option réfléchie, puisque toutes les autres carrières s'ouvriront
aussi bien devant eux, tandis qu'actuellement c'est automatique-
ment qu'une bonne partie des élèves des facultés de médecine et
de droit sont allés s'y faire inscrire. Comme il y en a 5o °/₀ de
trop, il y a 5o °/₀ des nouveaux docteurs en médecine et licen-
ciés ou docteurs en droit qui ne trouvent pas à vivre de la pro-
fession à laquelle ils aspiraient, — au grand détriment du
prestige de ces professions.

On n'attend sans doute pas de nous que nous passions en
revue dans cet opuscule toutes les carrières. Nous croyons avoir

donné des indications assez complètes, sous des formes assez
variées, pour que toutes les familles soient maintenant à même
de choisir l'enseignement qu'elles veulent pour leurs enfants.

Il est bien évident que toutes les sections : A, B, C, D ne seront
pas organisées dans tous les établissements d'enseignement secondaire. C'est là le type des grands lycées. Il ne pourra pas être
aussi varié partout : on ne fera naturellement pas quatre sections
pour une classe qui n'a que quatre élèves. Les familles seront
d'ailleurs renseignées.

Cette grande réforme a donné lieu dans la presse à des cri-
tiques véhémentes, souvent passionnées. Nous étions tenté d'en
faire quelques-unes, mais de détail; nous avons préféré nous
abstenir, par un sentiment de déférence et, comme père de
famille, de reconnaissance envers ceux qui ont doté notre pays
de ce nouvel organisme scolaire, plus souple que l'ancien, plus
varié, et bien mieux approprié aux besoins de notre époque.

Ancienne organisation des études dans les établissements d'Enseignement secondaire.

ENSEIGNEMENT SECONDAIRE

	CLASSIQUE	MODERNE
Division de Grammaire	Sixième . . . . 11 ans Cinquième . . . . 12 ans Quatrième . . . . 13 ans	Sixième . . . . 10 à 11 ans Cinquième . . . . 11 à 12 ans Quatrième . . . . 12 à 13 ans
	(Certificat d'études.)	
Division Supérieure	Troisième . . . . 14 ans Seconde . . . . 15 ans	Troisième . . . . 13 à 14 ans (Certificat d'études.)
	Rhétorique (Baccalauréat classique, 1re partie.)	Seconde (Baccal. de l'enseignement moderne, 1re partie.)

Philosophie (Baccalauréat classique 2e part., 1re série)	Mathématiques élémentaires		Première (Sciences)	Première (Lettres)
	(Bacc. classique 2e part., 2e série)	(Bacc. moderne 2e part., 3e série)	(Bacc. moderne 2e part., 2e série)	(Bacc. moderne 2e part., 1re série)

Mathématiques spéciales
(Écoles polytechnique, centrale, etc.)

A LA MÊME LIBRAIRIE

Bar-le-Duc. — Imp. Comte-Jacquet. F. CDOUEL, dir.